Michaela Müller
Praxisbuch Entwicklungs-Elterngespräch im Kindergarten

Michaela Müller

Praxisbuch Entwicklungs-Elterngespräch im Kindergarten

Vorbereiten – Durchführen – Reflektieren

Die Autorin

Michaela Müller, Jg. 1970, ist staatlich anerkannte Erzieherin in der evangelischen Kindertagesstätte in Bad Dürrheim. Ihre Arbeitsschwerpunkte sind Entwicklungsbeobachtungen bei Kindern von 3 bis 6 Jahren, die Bildung, Erziehung und Betreuung von Kindergartenkindern, die Zusammenarbeit zwischen Kita, Eltern und/ oder Kirchengemeinde und weiteren (pädagogischen) Institutionen und das Durchführen religionspädagogischer Angebote.

Dieses Buch ist erhältlich als:
ISBN 978-3-7799-6715-6 Print
ISBN 978-3-7799-6716-3 E-Book (PDF)

1. Auflage 2021

in der Verlagsgruppe Beltz · Weinheim Basel
Werderstraße 10, 69469 Weinheim

Herstellung: Ulrike Poppel
Satz: text plus form, Dresden
Druck und Bindung: Beltz Grafische Betriebe, Bad Langensalza
Printed in Germany

Weitere Informationen zu unseren Autor_innen und Titeln finden Sie unter: www.beltz.de

Kinder sind wie Schmetterlinge im Wind.
Einige können höher fliegen als andere, aber jeder Einzelne fliegt so gut er kann.
Jeder Einzelne ist verschieden.
Jeder Einzelne ist schön.
Jeder Einzelne ist etwas ganz Besonderes!

Inhalt

1.	**Vorwort**	9
2.	**Der Aufbau des Konzeptes**	10
3.	**Die Vorteile der Methode**	11
4.	**Die Ziele der Methode**	13
5.	**Beobachtungskomponenten**	15
	5.1 Aufgabenbögen für die Kinder	15
	5.2 Die Entwicklungsliste	35
	5.3 Allgemeine Beobachtungen	57
	5.4 Freie Beobachtungen	59
	5.5 Das Entwicklungsschaubild	62
	5.6 Pädagogische Auswertung	66
6.	**Die Eltern**	70
7.	**Der Gesprächsverlauf**	83
8.	**Notizen während des Elterngesprächs**	87
9.	**Nach dem Gespräch/Reflexion**	91
10.	**Wie geht es weiter?**	99
11.	**Das Zwischen-Elterngespräch**	100
	11.1 Elternbrief für das Zwischen-Elterngespräch	104
12.	**Schlusswort**	108
13.	**Weiterführende Literatur**	109

1. Vorwort

Jahrelang suchte ich Bücher, die den kompletten Ablauf eines Entwicklungsgesprächs abdecken und dadurch die Arbeit im pädagogischen Alltag erleichtern.

Durch den Mangel an praxistauglichen Arbeitshilfen, fing ich bald nach meiner Ausbildung vor 27 Jahren an, selbst Tabellen und übersichtliches Material zu entwerfen. Meine Kolleg*innen nahmen es dankbar an, hielten damit ihre Beobachtungen und Wahrnehmungen fest und führten ihre Elterngespräche auf Grundlage dieser Bögen.

Im Laufe der Jahre merkte ich, dass an einem „Elterngespräch“ mehr hängt als nur das Festhalten des Entwicklungsstandes eines Kindes im Vorfeld. Das nahm ich zum Anlass, mir den ganzen Ablauf näher anzusehen und fehlende Vorgänge schriftlich zu entwerfen. Ich entwickelte Stück für Stück das vorliegende Konzept und merkte, wie es die Arbeit und das Elterngespräch erleichtert und zu einer guten Zusammenarbeit zwischen Eltern und Kita führt.

Aus diesem Grund wurde dieses Konzept entworfen und in der Praxis ausprobiert. Es bietet praktische Vorlagen und Tipps, hat viele Vorteile und erleichtert die Arbeit enorm.

Aber sehen und beurteilen Sie selbst.

2. Der Aufbau des Konzeptes

Das Konzept für die Vorbereitung, Durchführung und Reflexion eines Entwicklungsgesprächs bietet Ihnen Vordrucke und Formulare, für jeden einzelnen Schritt des Arbeitsvorgangs.

Die einzelnen Komponenten sind passgenau aufeinander abgestimmt und zielen so auf ein abgerundetes Elterngespräch und ein ganzheitliches Wahrnehmen und Fördern des Kindes ab.

Zusätzlich bietet ihnen das Programm Formulare für die Zwischengespräche, bzw. Kurzinfo-Gespräche mit Eltern, die innerhalb eines Jahres anfallen sollten oder können.

Im Alltag der Kindergartenarbeit ist die Vor- und Nachbereitungszeit oft begrenzt. Hier kann Ihnen das Buch die Arbeit erleichtern, Ihre Elterngesprächsarbeit umfassend abdecken und zu einem guten Miteinander mit den Eltern führen.

Folgende Themen und Inhalte werden in dem Buch angeboten:

- Aufgabenbögen für Kinder
- Materialkisteninhalt für das Arbeiten mit dem Kind
- freier Beobachtungsbogen
- übersichtliche Entwicklungslisten
- Entwicklungs-Schaubild
- pädagogischer Auswertungsbogen
- Elternbriefe, zum Miteinbeziehen der Eltern
- Vorschlag, bzw. Idee zum Gesprächsablauf
- Notizseiten für das Elterngespräch
- Reflexionsbögen
- Formular für ein Kurzinfo-Gespräch

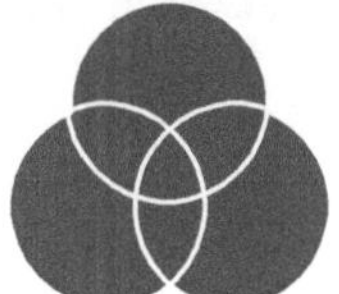

3. Die Vorteile der Methode

✓ Der ganze Vorgang des Entwicklungselterngesprächs mit Beobachtung und Reflexion ist vorbereitet und ausfüllbereit.

✓ Sie haben die altersgerechte Entwicklung und ihre Fortschritte auf einen Blick.

✓ Das einfache und strukturierte Beobachtungsmaterial macht ein simples und zeitsparendes Umsetzen und Durchführen möglich.

✓ Das Konzept bietet anschauliches Material, das auch für Eltern zu verstehen und nachzuvollziehen ist.

✓ Die Vordrucke und fertigen Formulare ermöglichen eine enorme Zeitersparnis bei ihrer Vor- und Nachbereitung.

✓ Zur Umsetzung der Aufgaben für das jeweilige Kind benötigen Sie lediglich eine jederzeit greifbare Kiste mit Materialien.

✓ Durch die Vorlage für ein Kurzinfo-Gespräch, haben sie die komplette Elterngesprächsarbeit abgedeckt.

✓ Das vorliegende Material hilft ihnen, das Kind „neutral“ einzuschätzen und keinen Entwicklungsbereich zu übersehen

✓ Der konkrete Ablauf des Elterngespräch lässt nicht zu, dass ein notwendiger Inhalt ignoriert wird, oder das Gespräch den „roten Faden“ verliert.

✓ Das Konzept bietet somit alles, was zu einer guten Eltern-Kita-Gesprächskultur führt.

Fallbeispiele

Der/die Erzieher*in und die Familie F. kennen sich schon seit einigen Jahren und treffen sich auch ab und zu privat. Beim Elterngespräch kommen die Gesprächspartner*innen deshalb immer wieder vom eigentlichen Gesprächsinhalt ab, um über Privates zu sprechen.
Mithilfe des auf dem Tisch liegenden Gesprächsablaufs und des vorliegenden Entwicklungs-Schaubilds, kann der/die Erzieher*in, ohne abweisend zu wirken, immer wieder auf die Entwicklung des Kindes (und damit auf den Grund des Gesprächs) zurückkommen.

Der/die Erzieher*in arbeitet in Teilzeit und/oder hat aufgrund von Personalmangel weniger Arbeitszeit zur Verfügung, um ein Gespräch zu planen und durchzuführen.
Hier bieten die Vordrucke zeitsparendes, aber trotzdem allumfassendes Arbeiten.

Der/die Erzieher*in möchte sein/ihr Bezugskind beobachten, um vorbereitet in ein anstehendes Elterngespräch zu gehen. Dabei übersieht er/sie eventuell einzelne Entwicklungsbereiche oder nimmt das Kind nur eingeschränkt oder urteilsbelastet wahr.
Durch alle beachteten Entwicklungsbereiche eines Kindes, die in den Beobachtungslisten und im Schaubild aufgegriffen werden, kann kein Bereich übergangen werden. Auch die Persönlichkeit des/der Erzieher*in tritt in den Hintergrund und macht der sachlichen Beobachtung und Wahrnehmung Platz.

4. Die Ziele der Methode

Ziele der Vorgehensweise:

- altersgerechtes Beobachten und Einschätzen der Entwicklung des Kindes
- individuelles Wahrnehmen des Kindes mit seinen Stärken und Schwächen
- neutrales, allumfassendes Wahrnehmen/Beobachten des Kindes
- gezielt Zeit mit einem zu Kind verbringen und es zu beobachten
- Stärkung der Beziehung zwischen dem/der Bezugserzieher*in und seinem/ihrem Bezugskind
- Stärkung und Festigung der Beziehung zwischen Erzieher*innen und Eltern zum Wohl des Kindes
- Einbeziehung der Eltern in die bewusste Wahrnehmung ihres Kindes
- Schaffen einer guten und zielführenden Gesprächssituation, durch die Vorbereitung beider Gesprächsbeteiligten (Eltern und Erzieher*innen)

Fallbeispiele

Familie X. ist sehr besorgt um die Entwicklung ihres Kindes. Das Kind hat sprachliche Schwierigkeiten und kann sich nicht altersgemäß äußern. Die Eltern schauen nur auf die Sprachfähigkeit ihres Kindes, nehmen es nur noch darüber wahr und übersehen seine anderen Persönlichkeitsbereiche. Das führt oft zu Reibereien zwischen Eltern und Kind und zu einer zunehmenden Unsicherheit des Kindes („Ich kann gar nichts. Ich bin nichts wert.").
Das vorbereitete Elterngespräch, mit dem einprägsamen Schaubild und dem Elternbrief, welcher den Eltern Fragen zu unterschiedlichen Entwicklungsbereichen stellt, macht den Eltern deutlich, wie gut sich das Kind entwickelt. Es zeigt (auch bildlich) auf, welche Stärken das Kind hat und dass der sprachliche Bereich nur ein „kleiner" Anteil in der Gesamtentwicklung ausmacht. Die Beziehung zwischen Kind und Eltern erfährt einen positiven Aufschwung und auch die Kita kann das Kind in seinem Selbstbild stärken und stützen: „Schau mal, wie gut du … kannst."

Die Eltern der fünfjährigen Y. sind überzeugt, dass ihr Kind schon ein Jahr vor ihrem sechsten Geburtstag in die Schule soll. Y. ist sehr intelligent, kennt sich mit vielen Dingen sehr gut aus und kann sich auch sprachlich wunderbar ausdrücken.
Das Schaubild zeigt, für die Eltern sehr gut sichtbar, dass ihr Kind noch nicht schulreif ist. Im sozialen, emotionalen und teilweise auch im motorischen Bereich fehlen noch Entwicklungsschritte, um für die Schule bereit zu sein. Sie nehmen ihre Entscheidung daraufhin zurück und schulen ihre Tochter mit sechs Jahren und voll schulfähig ein.

S. ist ein anpassungsfähiges Kind und fällt im Kindergartenalltag kaum auf. Er benötigt kaum die Aufmerksamkeit der Erzieher*innen und bewältigt die Zeit in der Kita ohne Konflikte oder Probleme. Er fordert keine Beachtung oder Zuwendung von den betreuenden Personen und ist sehr selbstständig. Dadurch wird er im täglichen Miteinander oft „übersehen" und seine Fähigkeiten, Stärken und Schwächen gehen durch die Konzentration auf „verhaltensoriginellere" Kinder unter. Das jährliche Entwicklungsgespräch mithilfe des Aufgabenbogens bietet dem/der Bezugserzieher*in die Möglichkeit, intensiv Zeit mit diesem Kind zu verbringen. Der Blick wird auf das „unauffällige" Kind gelenkt und es wird mit seiner ganzen Persönlichkeit intensiv wahrgenommen. Die wichtige Bindung zwischen Bezugserzieher*in und Kind wird gestärkt. Das Augenmerk geht wieder bewusst auf sogenannte „mitlaufende" Kinder im Alltag, und ein gleichmäßigeres Verteilen der Aufmerksamkeit ist neu möglich.

Der Erzieher Herr Sch. ist neu im Beruf. In der Ausbildung wurde zwar einige Stunden über das Führen von Elterngesprächen gesprochen, aber in der Praxis konnte Herr Sch. – aus Personalmangel – nur einmal bei einem Elterngespräch hospitieren. Jetzt, in seiner ersten Stelle hat er plötzlich zehn Bezugskinder und die Entwicklungsgespräche stehen an. Herr Sch. ist unsicher, überlegt, mit welchen Mitteln er das Kind beobachten soll, wie er die Eltern ansprechen kann und wie er das Gespräch aufbauen und strukturieren soll.
Das komplexe Konzept mit den einzeln aufgeführten und mitgelieferten Vorlagen erleichtern der/die Erzieher*in nichts zu übersehen. Er/Sie geht gut vorbereitet in das Gespräch und kann eine gute Basis für die Eltern-Kita-Beziehung aufbauen. Die Eltern fühlen sich gut informiert und nehmen Herrn Sch. als kompetente Fachkraft wahr. Zusammen können sie zum Wohle des Kindes agieren.

5. Beobachtungskomponenten

5.1 Aufgabenbögen für die Kinder

Idealerweise wird immer, um den Geburtstag eines Kindes herum, der Aufgabenbogen mit dem Kind erarbeitet. In meiner jahrelangen Praxiszeit habe ich erlebt, dass die Kinder diese Momente lieben, da sie sich über die ungeteilte Aufmerksamkeit der/des Erzieher*in freuen und motiviert „zeigen wollen", dass sie jetzt schon ein Jahr älter sind und damit diese Aufgaben „leicht" erledigen können.

Sollte eine ausführliche Beobachtung vor dem vollendeten Jahr (4, 5, 6 Jahre) anstehen, kann der Bogen für den kommenden Geburtstag benutzt werden, allerdings mit altersentsprechenden Abstrichen bei der Erfüllung der Aufgaben bzw. Anforderungen.

Zum Aufbau der Aufgabenbögen

Für jedes Alter (4, 5 und 6 Jahre) gibt es einen entsprechenden Aufgabenbogen, mit dem man sich zum jeweiligen Geburtstag befassen kann.

Der jeweilige Aufgabenbogen umfasst altersgerechte Aufgaben, die das Kind mit Anleitung des/der Bezugserzieher*in erfüllt und durcharbeitet. Die Aufgaben kommen aus den unterschiedlichsten Entwicklungsbereichen und finden sich inhaltlich in den Entwicklungslisten (siehe 5.2) wieder. Sie sind altersgerecht abgefasst und sprechen die Kinder optisch an.

Ganz nebenher kann das Kind dabei in seiner Aufmerksamkeit, Konzentration, Händigkeit, Stifthaltung usw. beobachtet werden.

Voraussetzungen für die Zeitintervalle der Beobachtungen sind

- die oft nur schwierig einzurichtende Möglichkeit, sich nur diesem einen Kind zu widmen. Somit muss mindestens eine Kollegin mit im Raum sein, die das Freispiel der anderen Kinder (an-)leiten kann.
- das greifbare Beobachtungsmaterial (Aufgabenbogen, Materialkiste)
- ausreichend Platz an einem Tisch in der Gruppe für Mal- und Bastelarbeiten. Die Kinder bitte nicht in einen separaten Raum setzen, da sich auf diese Weise besser ihre Konzentrationsfähigkeit und Ablenkbarkeit beobachten lässt.

Ablauf der Durchführung der Aufgabebögen

- Reden Sie mit dem Kind über seinen baldigen Geburtstag (= Freude und Motivation wecken). Lassen Sie es ruhig einige Zeit erzählen. Dabei können sie sprachliche Fertigkeiten beobachten.
- Erklären Sie, dass das zukünftige Geburtstagskind immer besondere Aufgaben mit seinem*r Bezugserzieher*in machen darf, dass diese Tätigkeit also etwas „Exklusives" ist.
- Zeigen Sie dem Kind den Bogen und die dazugehörigen Materialien. Falls nötig, erklären Sie einzelne Gegenstände.
- Legen Sie los…
- Fangen Sie möglichst erst mit einer Aufgabe an, die dem Kind schwerer fällt und lassen dann eine „erfolgversprechende" Aufgabe folgen. Behalten sie diese abwechslungsreiche Reihen-

folge bei. Dadurch wird das Kind immer wieder neu durch sein Können motiviert und kann sich an seinem Erfolg erfreuen.

- Auch der Beginn mit Aufgaben, die mehr Konzentration fordern ist möglich. Hier ist Ihr Gespür gefragt und Ihre Kenntnis des Kindes.

Verhalten der Erzieher*innen bei den Aufgabebögen

- Halten Sie sich so weit wie möglich zurück und lassen Sie das Kind so selbstständig wie möglich arbeiten.
- Erklären Sie die einzelnen Aufgaben.
- Wenn nötig, können Sie dem Beobachtungskind mit kleinen Tipps/Rätseln oder Beispielen weiterhelfen.
- Die Intensität der Hilfe bzw. der Erklärungen seitens des/der Erzieher*in hängt natürlich auch vom Alter des Kindes ab. Ein vierjähriges Kind benötigt sicher mehr Erklärungen als ein sechsjähriges.
- Je mehr Hilfe nötig ist (z. B. Mitzählen, Mitzeichnen seitens des/der Erzieher*in…), umso weniger ist die Aufgabe erfüllt.

Eventuell auftretende Probleme und Lösungen aus der Praxis

- Andere Kinder bedrängen die Beobachtungssituation (sie sind körperlich zu nahe bei dem Beobachtungskind und/oder dem/der Erzieher*in).
  - Hier bitte ich die Kinder um mehr Abstand und stelle ihnen in Aussicht, dass sie bei ihrem nächsten Geburtstag auch die Zeit mit ihrem/r Bezugserzieher*in haben.

- Ein anderes Kind will dem „Beobachtungskind" helfen und löst dessen Aufgaben.
  - Ich erinnere das „helfende" Kind, dass das Beobachtungskind die Aufgaben allein lösen kann und dass es an seinem Geburtstag auch alleine Zeit mit mir hat. Wenn nötig, bitte ich das „helfende" Kind sich einen anderen Platz zum Spielen zu suchen.

- Ein anderes Kind kommt an den Tisch und spricht in das Gespräch von dem/der Erzieher*in mit seinem Beobachtungskind hinein.
  - Hier verweise ich wieder auf dessen zukünftige Beobachtungszeit und bitte ihn, das Gespräch nicht zu stören. Im Notfall muss das „störende" Kind an einem anderen Platz spielen.

- Das „Beobachtungskind" kann sich nicht konzentrieren. Es schaut sich immer wieder im Raum um oder reagiert auf Geschehnisse im Raum, indem es aufhört seine Aufgaben zu machen.
  - Hier biete ich dem Kind einen ruhigeren (Neben-)Raum an.

- Das Kind hat nicht genug Ausdauer. Es fängt an, Blödsinn zu machen, wird motorisch unruhig oder will nicht mehr weiterarbeiten.
  - Als erstes versuche ich, das Kind neu zu motivieren und für seine Aufgabe zu begeistern. Im Notfall führe ich die Aufgabenbögen in Etappen durch, sodass das Kind alle Aufgaben erledigen kann.

Ziel ist es, dem Beobachtungskind so viel Ruhe und Platz wie nötig zu verschaffen, ohne es aus der Gruppensituation herauszunehmen.

Allgemein gilt: Wenn die Kinder der Gruppe es gewohnt sind, dass jedes Kind zu seinem Geburtstag mit seinem/seiner Bezugserzieher*in solche Aufgaben machen darf, findet die Situation allgemein Akzeptanz und weckt Vorfreude auf den eigenen Geburtstag.

Aufgabenbogen – (3,1 bis) 4 Jahre (Teil 1)

Ich kann schon

1. … mit geschlossenen Beinen hüpfen.

2. … aus 2,5 Metern Entfernung einen Ball fangen.

3. … auf dem ganzen Fuß laufen und abrollen.

4. … einen Stift richtig halten.

5. … eine Perle mit dem Zeigefinger und Daumen greifen.

6. … an der Linie entlang schneiden.

7. … ein Schloss mit einem Schlüssel auf- und zuschließen.

8. … einen Gegenstand auf/unter/neben… den Tisch legen.

9. … erzählen, was ich gestern zu Mittag gegessen habe. Ich kann auch berichten, was ich heute Mittag vorhabe.

10. … einen Stift und eine Schere halten.

11. … eine Pyramide aus drei bis vier Bauklötzen bauen.

12. … ein fehlendes Puzzleteil richtig zuordnen.

13. … Größen richtig benennen.

Aufgabenbogen – (3,1 bis) 4 Jahre (Teil 2)

14. … malen.

Das bin ich:

Ich kann schon

15. … zwischen den beiden Linien malen.

16. … an der Linie entlang schneiden.

Aufgabenbogen – (3,1 bis) 4 Jahre (Teil 3)

17. … diese Bilder benennen.

18. … Merke dir drei Bilder, die du dir 20 Sekunden angeschaut hast.

Aufgabenbogen – (4,1 bis 5) Jahre (Teil 1)

Ich kann schon

1. … einige Schritte gerade rückwärtslaufen.
2. … einen Purzelbaum (auf einer weichen Unterlage!) machen.
3. … mit geschlossenen Beinen über ein zehn Zentimeter hohes Hindernis springen.
4. … durch einen Reifen steigen, ohne ihn zu berühren.
5. … mindestens zwölf Sekunden auf einem Bein stehen.
6. … fünf Meter auf einem Bein hüpfen.
7. … einen Ball aus vier Metern Entfernung fangen.
8. … auf einem Seil balancieren.
9. … einen scharfen Knick in der Mitte eines Papiers knicken.
10. … eine Mutter auf eine Schraube schrauben und sie wieder entfernen.
11. … eine Schere bringen, ein Glas Wasser holen und *und dann* in die Hände klatschen.
12. … Silben klatschen:
    - Lampe
    - Schaukelstuhl
    - Regenwassertonne
13. … die Pärchen in einem Memoryspiel finden.
14. … ein Haus aus Klötzchen bauen.
15. … zwischen den Linien malen.

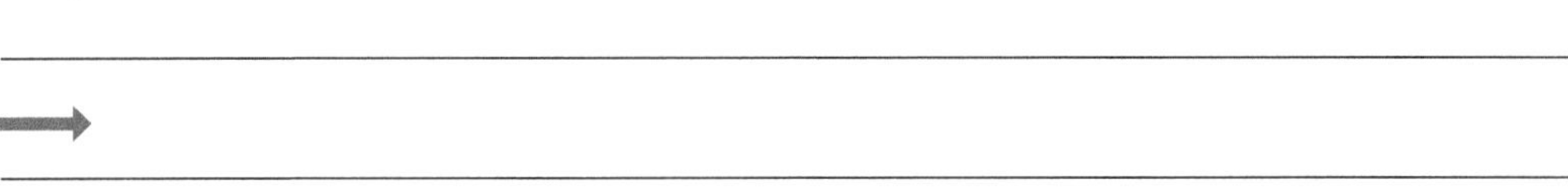

Aufgabenbogen – (4,1 bis 5) Jahre (Teil 2)

Ich kann schon

16. … die Bilder mit Artikel (der, die, das) benennen.

17. … sagen, wo der Ball ist.

Aufgabenbogen – (4,1 bis 5) Jahre (Teil 3)

Ich kann schon

18. … malen.

Das bin ich:

20. … Formen ausschneiden.

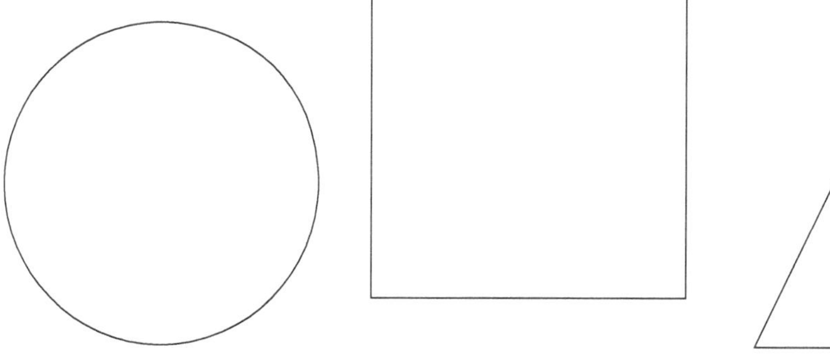

Aufgabenbogen – (4,1 bis 5) Jahre (Teil 4)

Ich kann schon

21. … nachmalen:

Aufgabenbogen – (4,1 bis 5) Jahre (Teil 5)

Ich kann schon

22. … Farben benennen.

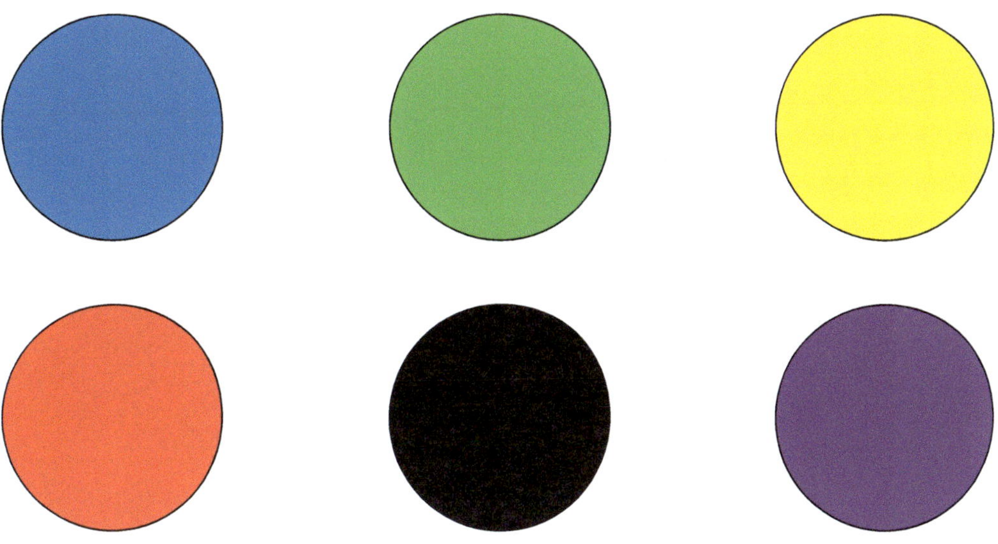

23. … Sterne zählen.

24. … sagen, wie viele Schafe es sind (ohne Nachzählen).

Ich kann schon

25. … mir vier Dinge merken *(vier Gegenstände aus einer Kiste nach 1 Minute anschauen unter einem Tuch verstecken).*

26. … ein Puzzle puzzeln (30 bis 60 Teile).

27. … mir ein Glas (Wasser) einschenken.

Aufgabenbogen – 5,1 bis 6 Jahre (Teil 1)

Ich kann schon

1. … einen Ball aus drei Metern Entfernung fangen.
2. … rückwärts auf einem Seil balancieren.
3. … den „Hampelmann“ turnen.
4. … rennen, und wenn die/der Erzieher*in „Stopp“ ruft, sofort anhalten.
5. … mit einem Finger nach dem anderen den Daumen berühren.
6. … eine Schleife binden.
7. … Reimwörter finden, z. B. Hose–Rose, Kind–Rind, Haus–Maus, Hund–Mund, Rot–Lot
8. … Anlaute finden, z. B. A = Apfel, I = Igel, L = Lampe, K = Karotte, M = Mama
9. … sechs Sachen merken, die nach 1 Minute anschauen versteckt werden.
10. … nachsprechen:

    Heute koche ich ein leckeres Abendessen aus Nudeln, Tomaten und Käse.
11. … ein Puzzle puzzeln (50–100 Teile).

Aufgabenbogen – 5,1 bis 6 Jahre (Teil 2)

Ich kann schon

12. … malen.

Das bin ich:	Haus
Baum	Auto

Aufgabenbogen – 5,1 bis 6 Jahre (Teil 3)

Ich kann schon

13. … Schwünge nachmalen:

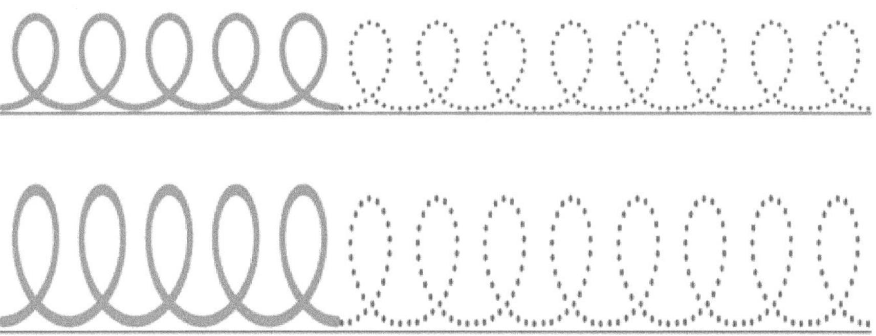

14. … ausmalen.

15. … ausschneiden.

Aufgabenbogen – 5,1 bis 6 Jahre (Teil 4)

Ich kann schon

16. … nachmalen.

18. … meinen Namen schreiben:

____

19. … Sterne zählen.

20. … Formen benennen.

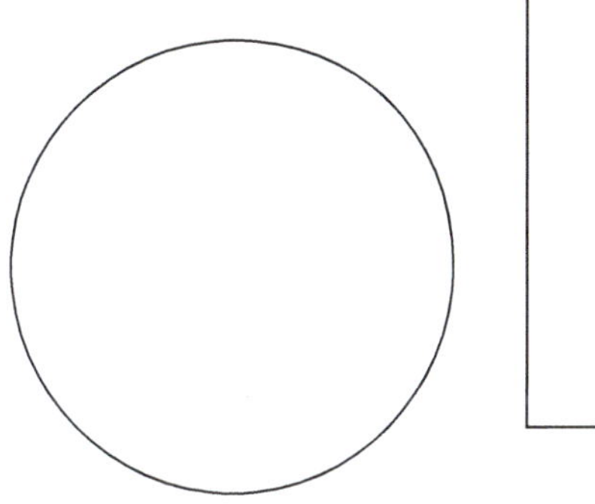

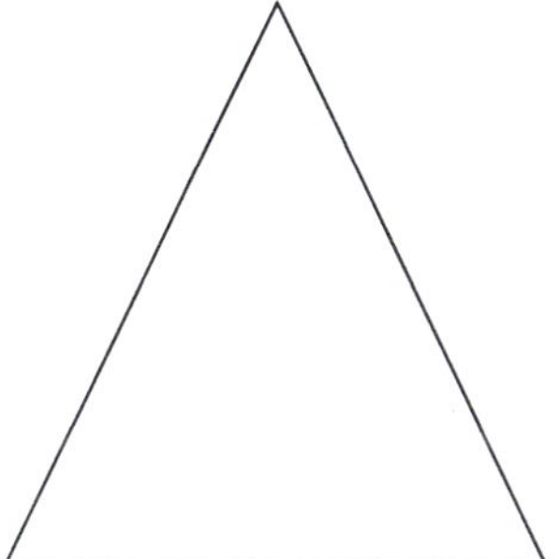

Aufgabenbogen – 5,1 bis 6 Jahre (Teil 5)

Ich kann schon

21. … sagen, wie viele Schafe es sind (ohne Nachzählen).

Aufgabenbogen – 5,1 bis 6 Jahre (Teil 6)

Ich kann schon

22. … sagen, was ich mache, wenn ich über die Straße gehe.

23. … sagen, was die Ampelfarben bedeuten und wie eine Ampel funktioniert.

Die Materialkiste

Für die Beobachtungen, beziehungsweise die Durchführung der Beobachtungsbögen mit den Kindern, kann man sich zur Arbeitserleichterung eine große **Materialkiste** zusammenstellen.

Mit dieser Materialkiste hat man alles für die Aufgabenbögen der Kinder griffbereit und muss die Beobachtung nicht immer wieder unterbrechen, um einen benötigten Gegenstand zu holen.

Diese **Materialkiste** sollte folgendes enthalten:

- eine kleine Perle
- Schloss mit Schlüssel
- drei Puzzle (20, 40 und 60–80 Teile)
- Jacke mit Reißverschluss und Knöpfe
- 10cm hohes Hindernis/Dose
- Holzreifen
- großer Ball
- Hüpfseil
- Faltpapier
- Mutter und Schraube
- Stifte
- Schere
- Kleber
- Memorykarten (zehn unterschiedliche Bilder und zwei Pärchen)
- mehrere Holzklötzchen für Haus
- Tuch zum Verstecken von Gegenständen
- Flasche Wasser und Glas
- ein kleiner Ball
- ein Seil/Tau, ca. 5 m lang
- ein alter Schuh mit langer Schleife zum Binden (geht auch gebastelt)
- sechs Gegenstände zum Verstecken

5.2 Die Entwicklungsliste

Die Listen sind konzipiert für die (zumeist) drei Geburtstage eines Kindergartenkindes, es gibt also eine Liste für (3,1 bis) 4-jährige, eine Liste für (4,1 bis) 5-jährige und eine Liste für (5,1 bis) 6-jährige Kinder.

Sie sind nach den unterschiedlichen Entwicklungsbereichen des Kindes sortiert und lassen sich von dem/der Erzieher*in schnell und aussagekräftig ausfüllen.

Die Entwicklungsbereiche sind:

- Grobmotorik
- Feinmotorik
- Sprache
- Kognitiver Bereich
- Sozialer Bereich
- emotionaler Bereich
- Alltagskompetenzen

Jeder Bereich ist einer Farbe zugeordnet, der sich dann im Schaubild (5.5) wiederfindet.

Innerhalb des einzelnen Entwicklungsbereiches gibt es zwischen sechs und neun Entwicklungsschritte, die dem Bereich entsprechen und einen altersentsprechenden Überblick geben.

Die Entwicklungsschritte können in drei Abstufungen beurteilt werden.

- Der genannte Schritt trifft voll auf das Kind zu, d. h. das Kind beherrscht die angesprochene Fertigkeit. Dann kreuzen Sie bitte „trifft voll zu" an.
- Das Kind erfüllt den Entwicklungsschritt teilweise, d. h. es zeigt schon Ansätze oder Teile der Fertigkeit. Dann kreuzen Sie bei diesem Schritt „trifft teilweise zu" an.
- Das Kind hat diesen Entwicklungsschritt noch nicht vollzogen und braucht noch Zeit dazu. Dann kreuzen sie bitte „trifft noch nicht zu" an.

Zu jedem einzelnen Entwicklungsschritt besteht die Möglichkeit, individuelle und aktuelle Informationen zu notieren. Das hat den Vorteil, dass allgemeingültige Entwicklungsschritte individuell beurteilt und erklärt werden können.

Hier ein kleiner Beispiel-Auszug aus einer ausgefüllten Tabelle für 4-Jährige:

	Datum: xx.xx.xxxx Name: Max Mustermann	Trifft voll zu	Trifft teilweise zu	Trifft noch nicht zu	Anmerkungen
	1. Kann mit geschlossenen Beinen hüpfen.	X			Max springt sicher und ohne Gleichgewichtsprobleme.
	2. Fährt sicher Dreirad.		X		Max tritt immer vier bis fünf Mal in die Pedale, dann braucht er eine Pause.
	3. Kann aus 2,5 m Entfernung einen großen Ball fangen.			X	Max wehrt den Ball mit beiden Händen ab.

Entwicklungsbeobachtung 3,1–4 Jahre

Datum: Name:		Trifft voll zu	Trifft teilweise zu	Trifft noch nicht zu	Anmerkungen
Grobmotorik	1. Kann mit geschlossenen Beinen hüpfen.				
	2. Fährt sicher Dreirad.				
	3. Kann aus 2,5 m Entfernung einen großen Ball fangen.				
	4. Plant seinen Bewegungseinsatz voraus.				
	5. Kraft- und Muskeleinsatz sind kontrolliert und richtig dosiert.				
	6. Zeigt Bewegungsfreude.				
	7. Läuft auf dem ganzen Fuß (rollt ihn ab).				

Datum: Name:		Trifft voll zu	Trifft teilweise zu	Trifft noch nicht zu	Anmerkungen
Feinmotorik	1. Kann mit Daumen und Zeigefinger greifen.				
	2. Kann den Stift mit dem Dreipunktegriff halten.				
	3. Kann zwei- bis dreimal nacheinander mit einer Schere (einhändig) geradeaus schneiden.				
	4. Kann ein Schloss mit einem Schlüssel auf- und zuschließen.				
	5. Malt einen Kopffüßer mit Armen, Beine, Kopf und Gesicht.				
	6. Kann eine Linie in einer einen Zentimeter breiten Begrenzungslinie malen.				

	Datum: Name:	Trifft voll zu	Trifft teilweise zu	Trifft noch nicht zu	Anmerkungen
Sprache	1. Kann kurzes Erlebtes oder Gehörtes sinnensprechend wiedergeben.				
	2. Versteht Präpositionen (vor, unter, auf …).				
	3. Reagiert auf Ansprache.				
	4. Erzählt kleinere Erlebnisse (oft mit „und dann").				
	5. Stellt viele W-Fragen.				
	6. Bildet fast alle Laute richtig (außer lispeln, K, G).				
	7. Gebraucht „Ich".				
	8. Kann zwei Aufträge nacheinander erledigen.				
	9. Kann einzelne Liedstrophen oder Fingerspielverse auswendig.				

	Datum: Name:	Trifft voll zu	Trifft teilweise zu	Trifft noch nicht zu	Anmerkungen
Kognitiver Bereich	1. Kann eine kleine Pyramide aus drei bis vier Holzklötzen nachbauen.				
	2. Kann ein fehlendes Puzzleteil dem entsprechenden Puzzle zuordnen.				
	3. Kann Größen erkennen und benennen.				
	4. Kann sich Motive auf drei Bildern merken und wiedergeben/zuordnen.				
	5. Kann sich 15 Minuten konzentrieren und an einer Sache bleiben.				
	6. Lässt sich motivieren und begeistern.				
	7. Ist neugierig (fragt oft: „Warum?“).				

	Datum: Name:	Trifft voll zu	Trifft teilweise zu	Trifft noch nicht zu	Anmerkungen
Sozialer Bereich	1. Spielt „nebeneinander“.				
	2. Hat positiven Kontakt mit anderen Kindern.				
	3. Löst Konflikte (zur Hälfte) verbal.				
	4. Kann Grenzen akzeptieren und befolgen.				
	5. Kann sich an Regelspielen (z. B. Tischspiele) beteiligen.				
	6. Fragt andere ob sie mitspielen wollen.				
	7. Kann alleine spielen.				
	8. Zeigt ein gesundes Distanzverhalten zu Fremden.				

	Datum: Name:	Trifft voll zu	Trifft teilweise zu	Trifft noch nicht zu	Anmerkungen
Emotionaler Bereich	1. Zeigt eine altersentsprechende Frustrationstoleranz (geht in der Hälfte der Fälle ruhig mit Frustration um).				
	2. Zeigt Mitgefühl.				
	3. Traut sich etwas zu.				
	4. Kann Gefühlswörter (traurig, fröhlich, ängstlich …) verstehen und anwenden.				
	5. Kann sein eigenes Verhalten regulieren (z. B. nach Anweisung ruhig sitzen, stehen bleiben …).				
	6. Kann sich selbst beruhigen.				
	7. Kann sich körperlich abgrenzen („Nein“ sagen).				
	8. Kann alleine in der Kita bleiben.				

	Datum: Name:	Trifft voll zu	Trifft teilweise zu	Trifft noch nicht zu	Anmerkungen
Alltagskompetenzen	1. Kann einen Reißverschluss auf- und zumachen.				
	2. Kann Knöpfe auf- und zumachen.				
	3. Kann sich selbstständig ausziehen.				
	4. Geht selbstständig auf die Toilette.				
	5. Kann sich selbstständig säubern (Toilette, Hände, Mund).				
	6. Kann mit strukturierender Hilfe teilaufräumen.				

Entwicklungsbeobachtung 4,1–5 Jahre

Datum: Name:		Trifft voll zu	Trifft teilweise zu	Trifft noch nicht zu	Anmerkungen
Grobmotorik	1. Kann einige Schritte gerade rückwärts gehen.				
	2. Kann einen Purzelbaum schlagen.				
	3. Kann mit geschlossenen Beinen über ein Hindernis springen.				
	4. Kann durch einen Reifen gehen, ohne ihn zu berühren und ohne sich am Boden abzustützen.				
	5. Kann ca. zwölf bis 15 Sekunden auf einem Bein stehen.				
	6. Kann auf einem Bein hüpfen (beide Seiten, min. fünf Meter).				
	7. Bewegt sich gerne.				
	8. Fängt einen Ball aus ca. vier Metern Entfernung.				
	9. Balanciert sicher auf einem schmalen Strich/einer Linie.				
	10. Kann selbstständig im Sitzen schaukeln.				

Datum: Name:		Trifft voll zu	Trifft teilweise zu	Trifft noch nicht zu	Anmerkungen
Feinmotorik	1. Kann den Stift mit dem Dreipunktegriff halten.				
	2. Kann einen Kreis, ein Dreieck und ein Viereck ausschneiden (auf der Linie).				
	3. Kann mindestens zwei Knicke mit einer scharfen Kante falten.				
	4. Kann eine Schraube in eine Mutter rein- und rausdrehen.				
	5. Malt ein Pluszeichen erkennbar nach.				
	6. Malt sich selbst differenziert (Arme, Beine, Gesicht, Hände, Haare, Bauchnabel …), evtl. noch Kopffüßler.				
	7. Kann zwei parallele Linien nachzeichnen.				
	8. Kann zwischen zwei Linien unterschiedlicher Größe einen Strich malen.				
	9. Ahmt Fingerspiele gut nach (Bewegungen).				

	Datum: Name:	Trifft voll zu	Trifft teilweise zu	Trifft noch nicht zu	Anmerkungen
Sprache	1. Kann Erlebtes und Gehörtes ausführlich und entsprechend wiedergeben.				
	2. Verwendet Präpositionen (vor, unter, auf …).				
	3. Reagiert auf Ansprache.				
	4. Verwendet die korrekten Artikel.				
	5. Kann drei Aufträge, die auf einmal aufgetragen werden, nacheinander erledigen.				
	6. Kann ganze Lieder oder Fingerspiele auswendig.				
	7. Benutzt grammatikalisch korrekte Zeiten.				
	8. Artikuliert alle Laute richtig.				
	9. Fragt nach Bedeutungen/ Ursachen.				
	10. Kann Silben klatschen.				

Datum: Name:		Trifft voll zu	Trifft teilweise zu	Trifft noch nicht zu	Anmerkungen
Kognitiver Bereich	1. Kann eine Treppe aus Holzklötzen/Lego bauen.				
	2. Findet unter 14 Bildern zwei gleiche Paare (zehn einzelne Memorykarten und zwei Paare gemischt auslegen!).				
	3. Benennt die Grundfarben richtig.				
	4. Kann Gegenstände bis zehn zählen.				
	5. Kann Mengen bis vier auf einen Blick erfassen und der entsprechenden Zahl zuordnen (ohne nach-zählen).				
	6. Merkt sich vier versteckte Dinge, nach sie/er sie eine Minute lang angeschaut hat.				
	7. Kann sich mindestens 15 Minuten konzentrieren und mit Ausdauer bei einer Sache bleiben.				
	8. Kann Puzzles mit 30–60 Teilen zusammensetzen.				
	9. Baut erkennbare, realisti-sche Fahrzeuge/Gebäude/Dinge.				

	Datum: Name:	Trifft voll zu	Trifft teilweise zu	Trifft noch nicht zu	Anmerkungen
Sozialer Bereich	1. Fängt an, Freundschaften zu schließen.				
	2. Kann teilen.				
	3. Geht auf Andere zu und beginnt ein Gespräch.				
	4. Nimmt Rücksicht und steht auch einmal zurück. Verhält sich kooperativ.				
	5. Gliedert sich in der Gruppe ein.				
	6. Löst seine Konflikte zu 80 % verbal.				
	7. Hört anderen zu und geht auf deren Anliegen ein.				
	8. Kann andere Kinder um Hilfe bitten.				
	9. Spricht in der Gruppe angemessen viel (redet, aber kann auch warten).				

	Datum: Name:	Trifft voll zu	Trifft teilweise zu	Trifft noch nicht zu	Anmerkungen
Emotionaler Bereich	1. Zeigt eine altersentsprechende Frustrationstoleranz (geht in 80 % der Fälle ruhig mit der Frustration um).				
	2. Lacht mit anderen Kindern und drückt seine Freude erkennbar aus.				
	3. Kann Gefühle anderer erkennen, benennen und entsprechend darauf eingehen.				
	4. Kann auch mit nicht so vertrauten Personen einige Wörter reden.				
	5. Traut sich vor/in der Gruppe etwas vorzumachen.				
	6. Trifft im Rollenspiel Absprachen.				
	7. Kennt und zeigt Betroffenheit, Schuld oder Scham.				

Datum: Name:		Trifft voll zu	Trifft teilweise zu	Trifft noch nicht zu	Anmerkungen
Alltagskompetenzen	1. Kann sich selbstständig an- und ausziehen.				
	2. Räumt bis zum Ende auf.				
	3. Schenkt sich selbst ein Glas/Tasse ein.				
	4. Kann sich (nach Absprache) etwas zu Essen machen/holen.				
	5. Putzt sich die Zähne selbstständig.				
	6. Hilft mit im Haushalt.				

Entwicklungsbeobachtung 5,1–6 Jahre

Datum: Name:		Trifft voll zu	Trifft teilweise zu	Trifft noch nicht zu	Anmerkungen
Grobmotorik	1. Kann einen kleinen Ball fangen (ca. 3 m Entfernung).				
	2. Rennt mindestens 20 Meter im Höchsttempo.				
	3. Bewegt sich gerne.				
	4. Balanciert rückwärts.				
	5. Fährt Fahrrad ohne Stützräder.				
	6. Turnt den Hampelmann koordiniert.				
	7. Kann geschickt und sicher klettern.				
	8. Kann aus vollem Lauf stoppen.				

	Datum: Name:	Trifft voll zu	Trifft teilweise zu	Trifft noch nicht zu	Anmerkungen
Feinmotorik	1. Berührt mit allen Fingern einer Hand nacheinander den Daumen.				
	2. Kann mehrere Schleifen malen (Schreibschrift L).				
	3. Verwendet immer die gleiche Hand (ist Links-/ Rechtshänder).				
	4. Kann unterschiedliche Zeichen (+–/#...) nachmalen.				
	5. Kann Zick-Zack (Stern) ausschneiden.				
	6. Kann fachgerecht mit Klebstoff umgehen.				
	7. Malt ein Haus, ein Auto und ein Baum erkennbar.				
	8. Malt einen Menschen erkennbar (mit Bauch).				
	9. Kann eine Schleife binden.				
	10. Schreibt seinen Namen.				
	11. Malt eine Form exakt aus (ohne über den Rand zu malen).				

Datum: Name:		Trifft voll zu	Trifft teilweise zu	Trifft noch nicht zu	Anmerkungen
Sprache	1. Kann sich gut verständlich in Deutsch ausdrücken und unterhalten (Grammatik-Aussprache-Satzbau).				
	2. Findet Reimwörter.				
	3. Kann Anlaute hören und benennen (z. B. Apfel = „A“).				
	4. Spricht einen Satz mit zehn Wörtern nach.				
	5. Fühlt sich auch bei einer Gruppenanweisung angesprochen (z. B. alle/wir ziehen die Schuhe an …).				
	6. Hat einen komplexen, differenzierten Wortschatz.				
	7. Bildet lange, komplexe Sätze (mindestens vier bis fünf Wörter).				

Datum: Name:		Trifft voll zu	Trifft teilweise zu	Trifft noch nicht zu	Anmerkungen
Kognitiver Bereich	1. Benennt alle Farben richtig.				
	2. Benennt geometrische Figuren (Drei-, Viereck, Kreis).				
	3. Kann die Funktion einer Ampel erklären.				
	4. Kann Gegenstände bis 20 zählen.				
	5. Kann Mengen bis sechs erfassen und zuordnen (ohne Nachzählen).				
	6. Merkt sich sechs versteckte Dinge, die es sich vorher eine Minute lang angeschaut hat.				
	7. Kann sich mindestens 20 bis 30 Minuten konzentrieren und mit Ausdauer bei einer Sache bleiben (auch fremdgestellte Aufgaben).				
	8. Kann an einer Aufgabe/ einem Spiel bleiben, bis sie erledigt ist (auch fremdgestellte Aufgaben).				
	9. Kann Puzzles mit 50 bis 100 Teilen zusammensetzen.				

Datum: Name:		Trifft voll zu	Trifft teilweise zu	Trifft noch nicht zu	Anmerkungen
Sozialer Bereich	1. Regelt alle Konflikte verbal.				
	2. Hat Freundschaften, die länger dauern. Pflegt sie.				
	3. Kann angemessen sachlich kritisieren und loben (ohne überzureagieren, beleidigen, sich lustig zu machen).				
	4. Besucht alleine seine Freunde.				
	5. Integriert sich in eine Gruppe.				
	6. Zeigt Kooperationsbereitschaft.				
	7. Ergreift Partei anderer Kinder.				
	8. Zeigt Konfliktlösungen auf.				

	Datum: Name:	Trifft voll zu	Trifft teilweise zu	Trifft noch nicht zu	Anmerkungen
Emotionaler Bereich	1. Zeigt eine altersentsprechende Frustrationstoleranz (geht in 99 % der Fälle ruhig mit Frustration um).				
	2. Führt Aufgaben ohne ständiges Feedback selbstständig aus.				
	3. Äußert angemessen seine Wünsche (ohne befehlen, schreien, weinen …).				
	4. Zeigt Flexibilität.				
	5. Kann mit sich ändernden Situationen/Wechsel angemessen umgehen.				
	6. Kann sich reflektieren.				
	7. Kennt Bewältigungsstrategien für Traurigkeit/Angst.				

	Datum: Name:	Trifft voll zu	Trifft teilweise zu	Trifft noch nicht zu	Anmerkungen
Alltagskompetenzen	1. Bewältigt Wege (Kita, Bäckerei, Freunde …) alleine.				
	2. Hat feste Bezugspersonen.				
	3. Übernimmt mehrere Aufgaben im Gruppen- und Familienalltag.				
	4. Kennt die Verkehrsregeln und setzt sie um.				

5.3 Allgemeine Beobachtungen

In diesem Beobachtungsbogen können allgemeine Informationen und Beobachtungen des Kitaalltags notiert werden.

Der allgemeine Beobachtungsbogen soll also nicht den Entwicklungsstand des Kindes in den einzelnen Bereichen beschreiben, sondern seinen Kindergartenalltag.

- Was erlebt das Kind in der Kita?
- Wo und was spielt das Kind?
- Welches Material bevorzugt es? Warum?
- Welche Themen spielt das Kind?
- Mit wem spielt das Kind?
- Hat es Freund*innen? Wenn ja, wen?
- ggf. kleine Anekdoten über das Kind
- Wie gestalten sich das Ankommen und der Abschied für das Kind?

Aus dieser allgemeinen Beobachtung können Fragen an die Eltern entstehen. Notieren Sie auch diese auf dem Formular, sodass daraus ein reger Erfahrungsaustausch mit den Profis des Kindes (= Eltern) entstehen kann.

Praxistipp

Eltern ist dieser Teil des Gesprächs sehr wichtig. Sie geben ihr Kind in „fremde" Hände und bekommen damit nicht mehr alle Phasen der Entwicklung vollumfänglich und „live" mit.

Die „allgemeinen Beobachtungen" geben Ihnen die Möglichkeit, die Eltern an wichtigen Erlebnissen ihres Kindes teilhaben zu lassen.

Allgemeine Beobachtungen

Name: Geburtsdatum:

Datum:

Spielbereiche/-inhalte/-erlebnisse:
Spielpartner:
Fragen an die Eltern:

5.4 Freie Beobachtungen

Manchmal reichen die formalen Beobachtungsbögen mit individuellen Möglichkeiten nicht aus, um einem Kind und seiner Entwicklung gerecht zu werden. Hier bieten freie Beobachtungen während des Alltags die Möglichkeit, tiefere und spezielle Eindrücke zu gewinnen.

Der freie Beobachtungsbogen bietet die Möglichkeit einer nicht-bewertenden Beobachtung und einer anschließenden (eventuell im Kollegenkreis praktizierten) Interpretation bzw. Auswertung.

Exemplarischer Ausschnitt einer freien Beobachtung

Situation: M. sitzt in der Bauecke, zusammen mit vier Kindern. Er schaut den anderen Kindern zu.	
Beobachtung:	Auswertung/Interpretation
M. schaut ein Kind nach dem anderen beim Spielen zu. S. sitzt neben M. S. stapelt Holzklötze aufeinander und fragt M.: „Willst du mit mir bauen?“ M. dreht sich zu ihm und wirft mit seiner Hand den Turm um. S. :„Hey, du hast mir mein Gebautes kaputt gemacht.“ M. schaut S. an und lächelt dann. S. geht weg und baut an einem anderen Platz neu. M. geht S. hinterher und setzt sich neben S. M. schaut S. beim Bauen zu.	M. traut sich nicht, andere anzusprechen. M. sucht Kontakt, weiß aber nicht, wie er dabei vorgehen soll.

Freie Beobachtung

Name des Kindes: Geburtsdatum:

Datum und Uhrzeit der Beobachtung:

Situation:	
Beobachtung:	Auswertung/Interpretation:

Beobachtung:	Auswertung/Interpretation:

5.5 Das Entwicklungsschaubild

Das Entwicklungsschaubild besteht aus **drei unterschiedlich großen** „Männchen“ von kleiner, mittlerer und großer Größe.

- Die Größe der Männchen soll dem Alter entsprechen:
  - kleines Männchen: (3–)4-jähriges Kind
  - mittelgroßes Männchen: (4–)5-jährige Kind
  - großes Männchen: (5–)6-jähriges Kind
- Jedes „Männchen“ hat viele kleine Felder mit sieben unterschiedlichen Farben.
- **Die Farben entsprechen den sieben Entwicklungsbereichen der Entwicklungsliste (5.2).**
- **Jedes Kästchen** entspricht **einem Entwicklungsdetail** der **Beobachtungsliste** und ist farblich, sowie mit einer Nummer entsprechend gekennzeichnet.

Umsetzung

- ➢ Legen Sie Ihre ausgefüllte Entwicklungsliste und das Entwicklungsschaubild nebeneinander vor sich.
- ➢ Nun gehen Sie Punkt für Punkt auf Ihrer Liste durch und suchen das entsprechende Feld auf dem „Männchen“ (Bitte das jeweils entsprechende Alter/Größe des Männchens berücksichtigen!).
- ➢ Nehmen Sie einen farblich angepassten Stift und malen Sie das Feld wie folgt an:
  - Wenn das Kind den Entwicklungsschritt erfüllt, malen Sie das ganze Feld an.
  - Wenn das Kind den Entwicklungsschritt teilweise erfüllt, malen Sie das Feld halb an.
  - Wenn das Kind in diesem Bereich/Aufgabe noch nicht so weit in seiner Entwicklung ist, lassen Sie das Feld leer.

Beispiel 4-jähriges Kind: Verbindung von Schaubild und Tabelle

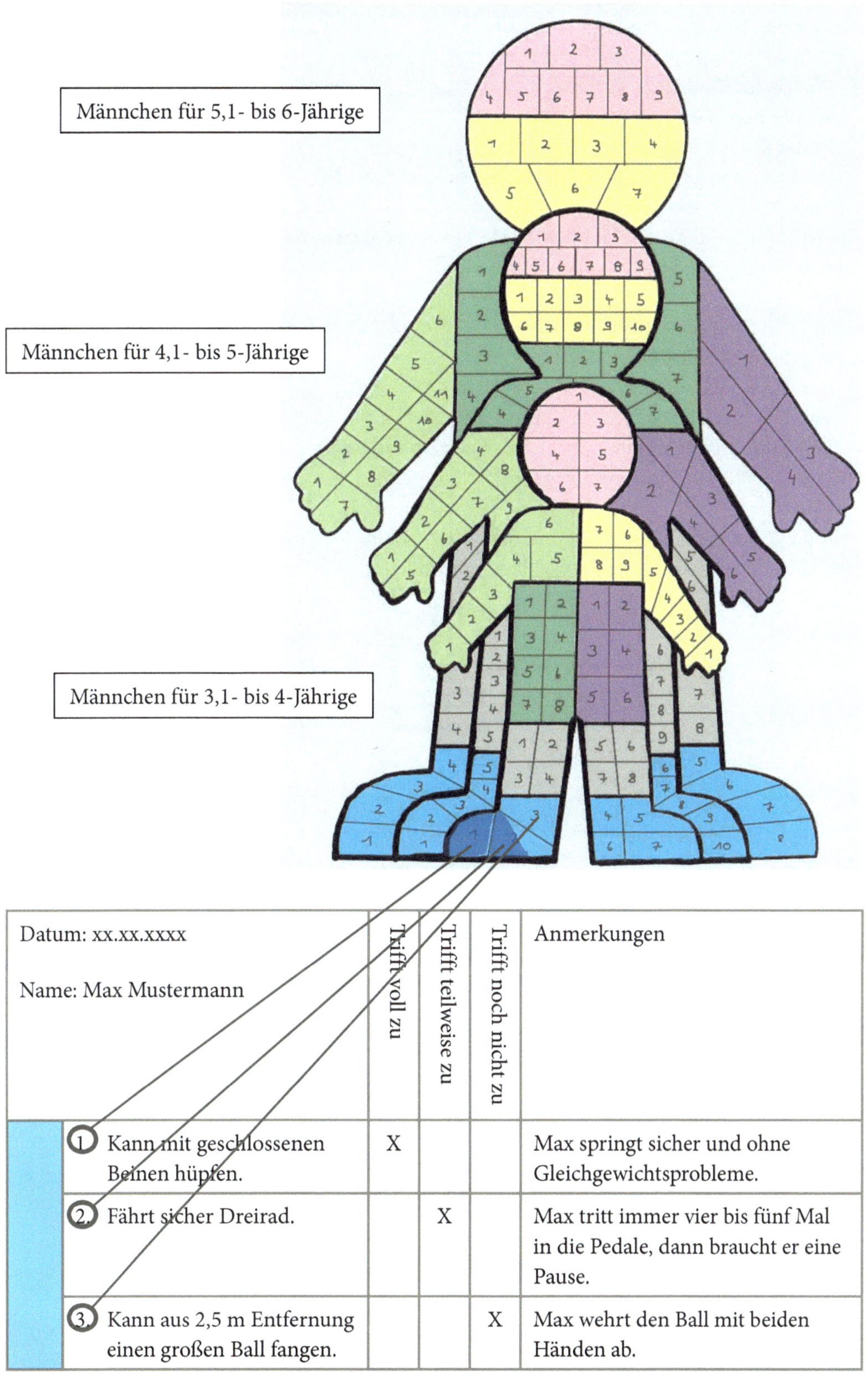

Datum: xx.xx.xxxx Name: Max Mustermann	Trifft voll zu	Trifft teilweise zu	Trifft noch nicht zu	Anmerkungen
1. Kann mit geschlossenen Beinen hüpfen.	X			Max springt sicher und ohne Gleichgewichtsprobleme.
2. Fährt sicher Dreirad.		X		Max tritt immer vier bis fünf Mal in die Pedale, dann braucht er eine Pause.
3. Kann aus 2,5 m Entfernung einen großen Ball fangen.			X	Max wehrt den Ball mit beiden Händen ab.

Ergebnis

Nun können Sie auf einem Blick erkennen:

✓ Wo hat das Kind seine Stärken?
✓ Welche Bereiche sind wie weit entwickelt?
✓ Ist das Kind altersgemäß entwickelt?
✓ Wo kann man ggf. die individuelle Förderung ansetzen?

Zusätzlich bietet das Schaubild den Eltern einen gut verständlichen Einblick in den Entwicklungsstand ihres Kindes:

- Ist mein Kind altersgemäß entwickelt?
- Welche Stärken hat mein Kind?
- Ist mein Kind schulreif?
- Welche Unterschiede ergeben sich zwischen Beobachtungen zuhause und in der Kita?
- Was kann ich gemeinsam mit der Kita für mein Kind tun?

Über das Schaubild lässt sich also mit den Eltern gut ins Gespräch kommen. So kann ein reger Austausch über die kindliche Entwicklung stattfinden.

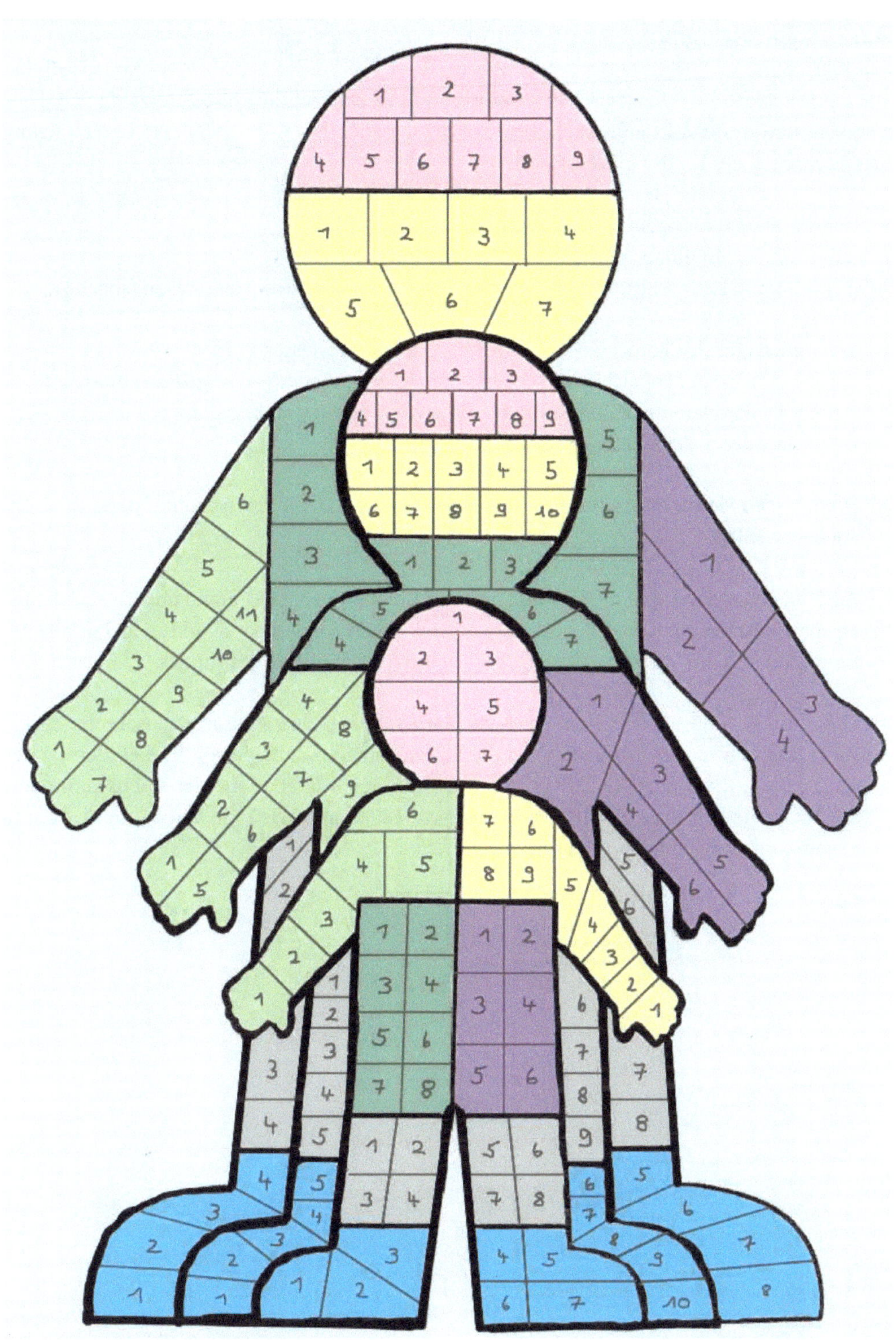

5.6 Pädagogische Auswertung

Die Kopiervorlage zur pädagogischen Auswertung Ihrer Beobachtung bietet Ihnen die Möglichkeit, kurz und treffend Ihre Beobachtungen in die folgerichtige und persönliche Unterstützung bzw. Förderung des Kindes umzuformulieren.

- Sie formulieren individuelle Ziele und Schritte für das Kind:
  z. B. „X. soll in ihrem Selbstbewusstsein wachsen."
  „Y. soll seine Angst vor dem Ball verlieren und sich trauen, den Ball zu fangen."

- Sie können einzelne Fördermöglichkeiten für das Kind verfassen,
  z. B. „A. wird in den nächsten Wochen verstärkt zu sprachlichen Angeboten motiviert."
  „D. wird von mir mindestens einmal am Tag bewusst wahrgenommen und der Kontakt durch gemeinsames Spielen gepflegt."

- Damit sehen Sie auf einen Blick, was das Kind in seiner Gesamtentwicklung stärkt und ihm am besten hilft.

- Auch das Team Ihrer Gruppe kann mit dieser Auswertung über den Stand und die sich daraus ergebenden Ziele zeitnah und -sparend informiert werden. Das hat den Vorteil, dass alle betreuenden Erzieher*innen an einem Strang ziehen – zum Wohle des Kindes.

- Diese Kopiervorlage lässt sich aufgrund seiner Kompaktheit immer wieder hervornehmen, sodass Sie sich immer wieder neu auf die Entwicklung bzw. die persönliche Förderung des Kindes besinnen können. Im Alltag gehen gefasste Ziele schnell wieder unter. Das verhindert das kompakte Formular. Es erinnert Sie immer wieder daran, das Kind in seiner Entwicklung bewusst wahrzunehmen und zu fördern.

Auswertung – pädagogische Förderung

Name des Kindes:

Geburtsdatum/Alter:

Beobachtungsdatum:

Grobmotorik	
Feinmotorik	
Sprache	

Alltagskompetenzen	Emotionaler Bereich	Sozialer Bereich	Kognitiver Bereich

Sonstiges:

6. Die Eltern

Die Eltern sind die wichtigsten Partner*innen in der Kindergartenarbeit. Sie kennen ihr Kind am besten (auch wenn ihre Einschätzung manchmal anders ist als unsere) und sind unverzichtbar, in der Arbeit mit den Kindern.

Zum Wohle des Kindes müssen sie in die Arbeit miteinbezogen werden, um eine ganzheitliche, positive Entwicklung des Kindes zu gewährleisten.

Zum vorgestellten Gesprächskonzept gibt es daher einen **Elternbrief,** der den Eltern etwa eine Woche vor dem geplanten Gespräch mitgegeben wird.

Der Elternbrief ist je nach Alter des Kindes unterschiedlich gestaltet und bietet dazu passende Fragen und Formulierungen.

Dies hat folgende Vorteile:

- Die Eltern kommen „vorbereitet" in das Gespräch.
- Mutter und/oder Vater können sich in Ruhe Gedanken zu ihrem Kind machen und diese schriftlich festhalten.
- Sie fühlen sich mit ihrer Meinung und ihrer Rolle als Mutter oder Vater ernst- und wahrgenommen.
- Die Eltern fühlen sich als „Profi" für ihr Kind – und das sind sie natürlich auch.
- Ängste oder Unsicherheiten werden durch das aktive Vorbereiten und Teilnehmen am Gespräch beseitigt.
- Fragen und Anliegen können in Ruhe überlegt und notiert werden.

Fallbeispiel

Für den 10.03. ist ein Entwicklungselterngespräch mit Familie T. geplant. Familie T. hat seit einem halben Jahr ihr erstes Kind im Kindergarten und fühlt sich in der neuen Situation noch recht unsicher. Die Eltern haben viele Fragen zur Entwicklung ihres Kindes und sprechen mich immer wieder an. Sie wollen das Beste für ihr Kind und haben den Wunsch, dass es sich gut entfalten kann. Trotz der Zusicherung meinerseits, dass ihr Kind in der Kita gut angekommen ist, besteht weiterhin die persönliche Unsicherheit, als Eltern alles richtig zu machen.

Eine Woche vor dem Termin gebe ich den Eltern den „Elternbrief" mit und bitte sie, diesen bis zum Gespräch auszufüllen und dann mitzubringen.

Die Eltern kommen am 10.03. zum Gespräch und fühlen sich durch die gute Vorbereitung merklich sicherer und selbstbewusster. Im Gespräch gehe ich mit den Eltern im Austausch Punkt für Punkt durch und wir kommen so gemeinsam zu einem allumfassenden „Bild" des Kindes.

Die Eltern geben folgendes Feedback:

„Durch den Elternbrief haben wir uns in der Eischätzung unseres Kindes ernstgenommen gefühlt. Wir merkten, dass wir ein Gespür für unser Kind entwickelt haben und es recht gut einschätzen können.

Manche Fragen haben uns für unser Kind neu die Augen geöffnet und wir nehmen es jetzt nach dem Brief und dem Gespräch bewusster wahr.

Es war toll, dass wir uns unsere Fragen in Ruhe überlegen und zu Papier bringen konnten. Das hat uns sehr geholfen, da sich innerhalb mehrerer Tage manche neuen Fragen ergeben haben.

Wir gehen jetzt zufrieden und gestärkt nach Hause und freuen uns auf die Zeit mit unserem Kind. Es ist ein tolles Kind!"

(3,1 bis) 4 Jahre

Liebe Familie ,

am _________________,

um ________ Uhr,

findet Ihr Elterngespräch statt.

Damit Sie sich selbst schon im Voraus Gedanken machen und Fragen überlegen können, wäre es toll, wenn sie den folgenden Bogen ausfüllen und mitbringen könnten.

Vielen Dank für Ihre Mitarbeit. Ich freue mich auf den Austausch mit Ihnen!

Mit freundlichen Grüßen

Das finde/n ich/wir toll an meinem Kind:

Hier habe/n ich/wir Fragen, zum Verhalten/zur Persönlichkeit meines/unseres Kindes:

Mein Kind....	Trifft voll zu	Trifft eher zu	Trifft weniger zu	Trifft noch nicht zu	Platz für Anmerkungen/Beispiele
Mein Kind fährt sicher allein Dreirad.					
Mein Kind kann mit geschlossenen Beinen hüpfen.					
Mein Kind bewegt sich gerne.					
Mein Kind kann den Stift mit drei Fingern halten (Stifthaltung).					
Mein Kind kann ein Türschloss auf- und zuschließen.					
Mein Kind weiß, wie man eine Schere hält und kann damit umgehen.					
Mein Kind fragt viel.					
Mein Kind erledigt kleine Aufträge von mir.					
Mein Kind ist neugierig.					
Mein Kind bleibt 15 Minuten bei einer Sache.					
Mein Kind kann gut allein spielen.					
Mein Kind akzeptiert Grenzen und hält sie ein.					
Mein Kind bleibt allein in der Kita.					
Mein Kind zeigt Mitgefühl.					
Mein Kind kann sich selbstständig ausziehen.					
Mein Kind geht selbstständig auf die Toilette.					
Mein Kind übernimmt kleinere Aufgaben im Haushalt.					

Diese Fragen habe/n ich/wir an die Kita:

Allgemeine Fragen/Anliegen:

(4,1 bis) 5 Jahre

Liebe Familie ,

am ___________________,

um _________ Uhr,

findet Ihr Elterngespräch statt.

Damit Sie sich selbst schon im Voraus Gedanken machen und Fragen überlegen können, wäre es toll, wenn sie den folgenden Bogen ausfüllen und mitbringen könnten.

Vielen Dank für ihre Mitarbeit – ich freue mich auf den Austausch mit Ihnen!

Mit freundlichen Grüßen,

Das finde/n ich/wir toll an meinem/unserem Kind:

Folgende Fragen habe ich/haben wir zum Verhalten/zur Persönlichkeit meines/unseres Kindes:

Mein Kind....	Trifft voll zu	Trifft eher zu	Trifft weniger zu	Trifft noch nicht zu	Platz für Anmerkungen/Beispiele
Mein Kind kann einen Purzelbaum.					
Mein Kind schaukelt selbstständig.					
Mein Kind bewegt sich gerne.					
Mein Kind malt sich erkennbar.					
Mein Kind kann Formen auf der Linie ausschneiden.					
Mein Kind erzählt Erlebtes ausführlich.					
Mein Kind singt und spielt Fingerspiele oder Lieder der Kita verständlich nach.					
Mein Kind benennt sechs verschiedene Farben.					
Mein Kind macht Puzzles von 20 bis 60 Teilen.					
Mein Kind fängt an, Freundschaften zu schließen.					
Mein Kind nimmt Rücksicht.					
Mein Kind traut sich, vor anderen etwas vorzumachen.					
Mein Kind kann mit Frustration umgehen.					
Mein Kind kann sich selbstständig aus- und anziehen.					
Mein Kind holt sich nach Absprache selbst etwas zu essen.					
Mein Kind putzt sich selbst die Zähne.					
Mein Kind übernimmt Aufgaben im Haushalt.					

Diese Fragen hätte/n ich/wir an die Kita:

Allgemeine Fragen/Anliegen:

(5,1 bis) 6 Jahre

Liebe Familie ,

am __________________,

um ________ Uhr,

findet Ihr Elterngespräch statt.

Damit Sie sich selbst schon im Voraus Gedanken machen und Fragen überlegen können, wäre es toll, wenn Sie den folgenden Bogen ausfüllen und mitbringen könnten.

Vielen Dank für Ihre Mitarbeit. Ich freue mich auf den Austausch mit Ihnen!

Mit freundlichen Grüßen,

Das finde ich toll an meinem Kind:

Folgende Fragen habe ich/haben wir zum Verhalten/zur Persönlichkeit meines/unseres Kindes:

Mein Kind….	Trifft voll zu	Trifft eher zu	Trifft weniger zu	Trifft noch nicht zu	Platz für Anmerkungen/Beispiele
Mein Kind stoppt bei Bedarf aus vollem Lauf.					
Mein Kind fährt Fahrrad ohne Stützräder.					
Mein Kind bewegt sich gerne.					
Mein Kind bindet selbstständig Schleifen.					
Mein Kind malt Bilder genau aus.					
Mein Kind redet in ganzen Sätzen (ab vier Wörter).					
Mein Kind reimt gerne.					
Mein Kind weiß, was eine Ampel bedeutet.					
Mein Kind konzentriert sich ca. 20 Minuten auch auf Aufgaben, die von jemand anderem gestellt wurden.					
Mein Kind regelt alle Streitereien verbal.					
Mein Kind besucht seine Freunde allein.					
Mein Kind ist flexibel.					
Mein Kind äußert angemessen seine Wünsche (ohne befehlen, schreien …).					
Mein Kind geht allein in die Kita, zum Bäcker …					
Mein Kind kennt Verkehrsregeln und setzt diese um.					
Mein Kind übernimmt mehrere Aufgaben im Haushalt.					

Folgende Fragen habe/n ich/wir an die Kita:

Allgemeine Fragen/Anliegen:

7. Der Gesprächsverlauf

Manchmal fühlt man sich hinsichtlich des Elterngesprächs unsicher. Man überlegt, wie und in welcher Reihenfolge man die Inhalte ansprechen soll oder wie man die Eltern an dem Gespräch beteiligen kann. Man stellt sich die Frage, ob und in welcher Form Schwierigkeiten auftreten können und wie man am Thema – „das Kind und seine Entwicklung" – bleiben kann.

Hier kann das vorliegende Raster dabei helfen

- ... den „roten Faden" nicht zu verlieren.
- ... die Eltern am Gespräch zu beteiligen und ihre Meinung wertzuschätzen.
- ... den Eltern (und sich selbst) Sicherheit durch ein strukturiertes Gespräch zu bieten.
- ... Fragen und Anliegen der Eltern zu klären.
- ... Ziele und Ausblicke bewusst zu benennen und entsprechende Verantwortlichkeiten zuzuweisen.

Manchmal kann es hilfreich sein, den Ablauf in schriftlicher Form zum Elterngespräch mitzubringen und zu Beginn mit den Eltern durchzusprechen. So wissen alle Beteiligte, was sie erwartet und das Gespräch kommt dem Wohle und der Entwicklung des Kindes zugute.

Das Formular für das Elterngespräch wird dabei als Hilfe, nicht als Notwendigkeit angeboten.

Praxisbeispiele

Die Eltern des Kindes K. leben in Trennung, kommen aber gemeinsam zum Elterngespräch. Leider streiten sich beide immer wieder und sind sich uneins. *Beiden* habe ich den Elternbrief ausgeteilt, um *beide* in das Gespräch zu integrieren.

→ Hier erwähne ich gleich zu Anfang, wie positiv ich es empfinde, dass sie sich gemeinsam für das Wohl ihres Kindes einsetzen. Anschließend lege ich den Ablauf vor und erkläre ihn den Eltern. Ich betone noch einmal den Zweck des Gesprächs: das Wohl des Kindes. Anhand des Ablaufs, kann ich jetzt Schritt für Schritt mit den Eltern ins Gespräch kommen. Hierbei lasse ich Unterschiede bewusst stehen und konzentriere mich auf das Ziel unseres Gesprächs.

Die Eltern D. sind überzeugt, dass eine Einrichtung dafür zuständig ist, ihr Kind zu erziehen, zu fördern und die komplette Erziehungsarbeit zu übernehmen. „Schließlich zahlen wir Sie dafür. Das können und wollen wir zuhause nicht".

→ Bei diesen Eltern erwähne ich bewusst, dass eine Kita immer nur „familienergänzend und -unterstützend", nie „familienersetzend" ist (KJHG). Im Austausch mit den Eltern betone und lobe ich immer wieder ihr Können und ihre Wahrnehmung in Bezug auf ihr Kind und dessen Entfaltung. Bei den Absprachen zwischen Kita und Eltern nehme ich sie gewollt in die „Pflicht" und gebe ihnen ihr Alleinstellungsmerkmal als Eltern und Familie (zurück).

Ablauf des Elterngesprächs

1. Was finden Sie positiv an Ihrem Kind?

2. Welche Fragen haben Sie zu Ihrem Kind?

3. Allgemeine Beobachtungen (Spielorte/Spielpartner*innen…)

4. Entwicklungsbogen – immer im Austausch/Wechsel mit den Beobachtungen der Eltern.

5. Ausblick

   - (pädagogische) Förderung in der Kita und Zuhause
   - Absprachen zwischen Kita und Zuhause
   - Einbezug weiterer Institutionen

6. Fragen und Anliegen

7. Portfolioordner

Zu den einzelnen Punkten im Ablauf des Elterngesprächs

1. Was finden Sie positiv an Ihrem Kind?
   Mit diesem Einstig werden die Eltern von Anfang an in das Gespräch integriert und können ihr Kind erst einmal positiv wahrnehmen. Sie merken, dass sie die Expert*innen für ihr Kind sind und äußern sich entsprechend dazu.

2. Welche Fragen haben Sie zu Ihrem Kind?
   Meistens brennen den Eltern Fragen „unter den Nägeln" und sie wollen sie unbedingt loswerden. An dieser Stelle – vor dem etwas längeren Gesprächsteil zur kindlichen Entwicklung – bietet es sich an, diese Fragen zu besprechen. Bei Bedarf kann man hier schon die Entwicklungsliste zu einzelnen Details hinzuziehen.

3. Allgemeine Beobachtungen
   An diesem Punkt sind Sie gefragt! Sie berichten vom Alltag des Kindes in der Kita. Dabei erläutern Sie, wo und was das Kind spielt und mit wem es spielt. Verwenden Sie hierzu die ausgefüllte Kopier*vorlage* „Allgemeinen Beobachtungen" und berichten Sie den Eltern, was ihr Kind in der Zeit erlebt, in der es nicht zuhause ist. Zu hören, dass es dem Kind in der Einrichtung gut geht, ist für die Eltern sehr wichtig und beruhigend.

4. Entwicklungsbogen
   Als Nächstes nehmen Sie Ihren Entwicklungsbogen zur Hand und legen das Schaubild auf den Tisch. Nun können sie Schritt für Schritt oder Bereich für Bereich mit den Eltern durchgehen und besprechen.
   Beziehen Sie die Eltern unbedingt in diesen Gesprächsteil mit ein. Durch den „Elternbrief" sind sie vorbereitet und können ihre Sicht der Dinge erzählen. Machen sie einen Dialog aus dem Entwicklungsbogen und tauschen Sie sich über alle Bereiche aus.

5. Ausblick
   Nachdem Sie den aktuellen Entwicklungsstand des Kindes besprochen haben, überlegen Sie gemeinsam mit den Eltern, wie es weitergeht. Welche Schritte unternimmt die Einrichtung zum Wohle des Kindes? Nehmen Sie dazu Ihren „Auswertungsbogen" zu Hilfe und erklären sie den Eltern, wo Sie Ihre Ziele stecken.
   Überlegen Sie auch, welchen „Auftrag" die Eltern zum Wohle des Kindes übernehmen und erhalten.
   Falls der Einbezug weiterer Institutionen nötig ist, besprechen sie auch das. Fragen Sie, was den Eltern möglich ist und bieten sie mit Adressen, Ansprechpartnern, Übersetzern und Begleitung Hilfen an.

6. Fragen und Anliegen
   Zum Abschluss ist noch Zeit für das Stellen weiterer Fragen und Anliegen, die vonseiten der Eltern auftauchen können. Bleiben Sie jedoch inhaltlich möglichst immer beim „Wohl des Kindes". Fragen Sie auch nach einem Feedback für das Elterngespräch. Damit lässt sich danach gut reflektieren und weiterlernen.

7. Portfolioordner
   Jetzt können Sie noch den Portfolioordner des Kindes zum Anschauen ins Spiel bringen (falls das nicht schon im Laufe des Gesprächs passiert ist). Die Eltern freuen sich über den visuellen Einblick in den Kitaalltag ihres Kindes und fühlen ihr Kind gut aufgehoben.

8. Notizen während des Elterngesprächs

- Es empfiehlt sich, stichwortartige Notizen während des Elterngesprächs zu machen.
- Gliedern Sie die Notizen gleich nach Bereichen – das erleichtert das Reflektieren und das Formulieren von Abmachungen.
- Das Besprochene bleibt durch die Notizen „unverfälscht" in Erinnerung und macht so das sachliche Schreiben der Reflexion leichter.
- Wenn eine zweite Kollegin anwesend ist (was allgemein zu empfehlen ist), kann diese das schriftliche Festhalten des Gesprochenen übernehmen.

Notizen zum Elterngespräch (EG)

Name:

Datum:

Anwesend:

Grobmotorik:
Feinmotorik:
Sprache:

Kognitiver Bereich:
Sozialer Bereich:
Emotionaler Bereich:
Alltagskompetenzen:

Allgemein (Stichworte):

Absprachen (Stichworte):

9. Nach dem Gespräch/Reflexion

Das Entwicklungs-Elterngespräch hat stattgefunden, und es ist an Ihnen, eine Reflexion zu schreiben.

Hier kann der Bogen eine Hilfe bieten und ein Format, um diese wichtige und grundlegende Arbeit zu erledigen.

Die Vorteile des Reflexionsbogen sind:

- zeitsparende und trotzdem ausführliche Reflexion
- Berücksichtigung der Sicht aller Gesprächsbeteiligten
- Bestätigung und nachvollziehbare Wahrnehmung der Absprachen zwischen der Kita und den Eltern durch beide Seiten
- sachlich korrekte Dokumentation des Geschehens und des Gesprochenen während des Elterngesprächs

Gehen Sie zum Beispiel wie folgt vor:

- Nehmen Sie ihre Notizen des Elterngesprächs und legen Sie neben den Bogen für die pädagogische Förderung auf den Tisch.
- Nun können Sie mithilfe Ihrer Schriften die Reflexion ausfüllen und schreiben.
- Bleiben Sie in Ihren Beschreibungen sachlich und fachlich korrekt.
- Formulieren Sie Ziele nicht als Aufforderungen, sondern als Tatsachen (z. B. nicht: die Eltern sollen… besser: die Eltern werden…).
- Nach dem Schreiben geht eine Kopie der Reflexion zur Unterschrift an die Eltern. Jetzt haben die Eltern die Möglichkeit, sich alles noch einmal durchzulesen und zu bestätigen.
- Heften Sie einen Zettel daran, mit dem spätesten Rückgabedatum.
- Im Anschluss bewahren Sie die unterschriebene Reflexion in den Unterlagen des Kindes auf.
- Zu den Unterlagen kommen natürlich auch die „allgemeine Beobachtung“, die „Entwicklungsliste“ und das „Schaubild“.
- Falls in der Einrichtung so vorgesehen, bekommen die Eltern eine Kopie für ihre Unterlagen.

Reflexion Elterngespräch (EG)

Name des Kindes:

Geburtsdatum/Alter:

Anwesend:

Ort/Datum/Uhrzeit des EG:

1. **Atmosphäre und Ablauf des Elterngespräches**

2. Allgemeine Beobachtungen

Die Erzieherinnen berichteten	Die Eltern berichteten

3. Entwicklungsbeobachtungen der Erzieherin/Mutter

Grobmotorik	
Die Erzieherinnen berichteten	Die Eltern berichteten

Feinmotorik	
Die Erzieherinnen berichteten	**Die Eltern berichteten**

Sprache	
Die Erzieherinnen berichteten	**Die Eltern berichteten**

Kognitiver Bereich	
Die Erzieherinnen berichteten	Die Eltern berichteten

Sozialer Bereich	
Die Erzieherinnen berichteten	Die Eltern berichteten

Emotionaler Bereich	
Die Erzieherinnen berichteten	**Die Eltern berichteten**

Alltagskompetenzen	
Die Erzieherinnen berichteten	**Die Eltern berichteten**

4. Weitere Gesprächsinhalte

5. **Absprachen und Planung der nächsten Schritte**

Gelesen und zur Kenntnis genommen

Datum	Unterschrift Eltern	Unterschrift Erzieherin

10. Wie geht es weiter?

Spätestens ein Jahr nach dem Gespräch erfolgt das nächste Entwicklungsgespräch.

Hier sind folgende Schritte sinnvoll:

- Erarbeitung eines altersgerechten Aufgabebogen mit dem Beobachtungskind (Verwenden Sie dazu wieder die Materialkiste!)
- Durchführung der „allgemeinen“ Beobachtungen
- ggf. Ausführung freier Beobachtungen
- Ausfüllen der altersentsprechenden Entwicklungsliste
- Erstellung einer Kopie des letzten Entwicklungs-Schaubildes (mit entsprechend aktueller Kolorierung!)
  - → guter, visueller Vergleich zum Vorjahresstand
- Aushändigung eines neuen, altersentsprechenden Briefes an die Eltern
- Terminierung und Durchführung des Folgegespräches

11. Das Zwischen-Elterngespräch

Zwischen den einzelnen „Entwicklungs-Elterngesprächen" vergeht immer (fast) ein ganzes Jahr. Das ist eine sehr lange Zeit und kann für die positive Gestaltung der Eltern-Kita-Beziehung zu lange sein.

Auch Schwierigkeiten, Fragen oder Probleme können innerhalb dieses Jahres auftauchen und das erneute Zusammensetzen von Erzieher*innen und Eltern nötig machen.

Hier bietet sich ein Zwischen-Elterngespräch oder Kurzinfo-Gespräch an, das zum Ziel hat, die aktuelle Situation oder eine konkrete Frage zu besprechen und gemeinsam – Eltern und Erzieher*innen – eine Lösung zu finden, die zum Wohle des Kindes getroffen wird.

Das Gespräch ist zeitlich auf 15 bis 20 Minuten beschränkt und soll lediglich einen kurzen Einblick in den Kitaalltag des Kindes geben und aufgekommene Fragen aufarbeiten.

Folgende Situationen können ein solches „Kurzinfo-Gespräch" nötig und sinnvoll machen:

- Die Fragen einer Mutter/eines Vaters werden beim Bringen oder Abholen immer drängender und können zwischen Tür und Angel nicht zufriedenstellend geklärt werden.
- Die Lebenssituation des Kindes hat sich akut geändert: z. B. Tod eines Familienangehörigen, Scheidung, Umzug, Trennung der Eltern, schwere Krankheit eines Familienangehörigen oder Arbeitslosigkeit eines Elternteils.
- Das Kind zeigt mehrfach ein „neues, unverständliches" Verhalten.
- Ungewöhnliche Situationen – etwa die globale Covid-19-Pandemie 2020/2021 – machen Elternkontakte bei Festen, Elternabenden unmöglich. Hier ist ein regelmäßiger Austausch unerlässlich und notwendig, um im Kontakt das Beste für das Kind zu bewirken.
- Die Eltern meiden den Kontakt zur Kita – sie besuchen beispielsweise kein Elternangebot oder -fest – oder haben im Alltag keine Zeit für den Kontakt zum/r ErzieherIn. Auch in diesem Fall verdeutlicht ein „Kurzinfo-Gespräch" die Wichtigkeit ihres Kindes und die Notwendigkeit einer positiven Zusammenarbeit von Kita und Eltern für das physische und psychische Wohlergehen ihres Kindes.
- Das Kind verändert sein Verhalten in kurzer Zeit und zeigt plötzlich eine komplett neue/veränderte Persönlichkeit.
  - ➢ Verhaltens- oder Persönlichkeitsveränderungen, die plötzlich oder prägnant sind, haben meist eine Ursache. Dabei ist es wichtig, mit den Eltern ins Gespräch zu kommen und der Ursache auf den Grund zu gehen, da das Kind sonst leidet und sich in seinem Erleben nicht ernst- oder wahrgenommen fühlt.

Prinzipiell ist ein regelmäßiger Austausch zwischen Eltern und der Einrichtung wünschenswert und bedeutungsvoll. Nur so kann eine gute Erziehungspartnerschaft entstehen und alles zum positiven Ergehen des Kindes beitragen. Füllen Sie also den Akku Ihrer Familien-Kita-Beziehung und bereiten Sie damit eine Basis für den optimalen Weg des Kindes.

Das Formular für das „Zwischen-Elterngespräch“ kann als Vorbereitungsformular genutzt werden sowie als gleichzeitiger Reflexionsbogen. Damit ist der Zeitaufwand gering und die Vorbereitung und Reflexion kann schnell in den Kitaalltag integriert werden.

Sollten **Sie mehr Platz für Ihre Notizen benötigen, nehmen Sie einfach ein zusätzliches Blatt und schreiben darauf Ihre Anliegen und Beobachtungen.**

Manchmal ist es nötig, das Kind noch einige Male „neutral“ zu beobachten. Hier bietet sich der Bogen „Freie Beobachtung“ (5.4) an. Auf diesem Bogen können Sie Ihre Feststellungen schriftlich erfassen und festhalten.

Zwischen-Elterngespräch

Datum: Uhrzeit:

Name des Kindes:

Anwesend:

1. Spielorte/bevorzugte Spiele

2. Spielkameraden

3. Entwicklungsschritte

4. Grund des Gesprächs (Probleme? Schwierigkeiten?)

5. Fragen/Anliegen der Eltern

___________	________________	____________________
Datum/Ort	Unterschrift Eltern	Unterschrift Erzieher*in

11.1 Elternbrief für das Zwischen-Elterngespräch

Auch für das Zwischen-Elterngespräch gibt es einen Termin-Elternbrief als Vordruck.

- In diesem Brief bieten Sie den Eltern mindestens drei Termine an, von denen Sie einen wahrnehmen können. Diese Termine tragen Sie unten auf der zweiten Seite bei den Kreisen (o) ein.
- Zusätzlich füllen Sie im Brief die leerstehenden Lücken aus – mit den Daten, die für Ihr Gespräch gelten.
- Der Brief bietet auch einen kurzen Notizzettel, auf dem sich die Eltern Fragen oder Anliegen notieren können.

Liebe Familie ,

seit dem Entwicklungsgespräch für Ihre Tochter/Ihren Sohn sind schon wieder einige Wochen vergangen. Um mit Ihnen in Kontakt und im Gespräch zu bleiben, möchte ich Ihnen die Möglichkeit eines „Kurzinfo-Gesprächs“ anbieten. Dieses Elterngespräch soll ca. zehn bis 15 Minuten dauern und Sie über die aktuelle Situation Ihres Kindes in der Gruppe informieren. Gerne können Sie auch momentane Fragen und Anliegen mitbringen.

Für das Gespräch kann ich Ihnen die angefügten Termine anbieten.

Bitte kreuzen Sie einen Termin an, den Sie wahrnehmen können und geben Sie den Abschnitt bis zum ___________ in der Gruppe ab. VIELEN DANK!

Ich gebe Ihnen dann bis zum ____________ Bescheid, wann Ihr Termin stattfindet.

Bitte kreuzen Sie auch an, auf welche Weise Sie das Gespräch führen möchten.

Ich freue mich auf die Zeit und den Austausch mit Ihnen!

Mit freundlichen Grüßen,

Ihre Notizen/Fragen für das Gespräch:

____

____

____

____

____

____

____

____

____

____

____

____

- ✂

Ich/wir kann/können folgenden Termin wahrnehmen:

○

○

○

Ich/wir möchte/n das Gespräch auf folgende Weise führen:

○ persönlich

○ telefonisch

○ per Videochat über __________

Datum/Unterschrift: ___________________________

Den Brief mit dem genauen Termin geben Sie nach der Rückgabe des „Terminauswahl-Elternbriefs“ mit, um den Eltern den genauen Termin und die Uhrzeit mitzuteilen.

Liebe Familie ,

Ihr Kurz-Elterngespräch findet

am:

um:

statt.

Mit freundlichen Grüßen,

12. Schlusswort

Das vorliegende Konzept zur Vorbereitung, Durchführung und Nachbereitung von Entwicklungsgesprächen wurde lange in der alltäglichen Kitapraxis erprobt, bis es nun als Buch vorliegt. Die zugehörigen Kopiervorlagen bilden das Zentrum des Konzeptes und wurden derart gestaltet, dass Sie sie entweder direkt übernehmen oder als Anregung für eigene Vorlagen verwenden können. Dass eine gelungene Erziehungspartnerschaft zwischen Eltern und Erzieher*innen essentiell zum erfolgreichen Kitabesuch eines Kindes beitragen, ist lange bekannt. Mit diesem Leitfaden ermöglichen Sie den Aufbau einer Struktur, die für Eltern und Erzieher*innen gleichermaßen nachvollziehbar ist und dennoch keine allzu großen zeitlichen Ressourcen bindet. So steht einer guten „Elterngesprächskultur" nichts mehr im Wege.

Ich wünsche Ihnen ein gutes Arbeiten mit den Vorlagen und ein effizientes und erfolgreiches Umsetzen der Inhalte. Danke, dass Sie „Ihre" Kinder beim Aufbau einer guten Basis für Ihr Leben unterstützen!

13. Weiterführende Literatur

Aich, Gernot/Behr, Michael (2016): Gesprächsführung mit Eltern in der Kita. Weinheim und Basel: Beltz Juventa.

Cloos, Peter/Schulz, Marc (2011): Kindliches Tun beobachten und dokumentieren. Perspektiven auf die Bildungsbegleitung in Kindertageseinrichtungen. Weinheim und Basel: Beltz Juventa.

Dusolt, Hans (2019): Elternarbeit als Erziehungspartnerschaft: Ein Leitfaden für den Vor- und Grundschulbereich. Weinheim und Basel: Beltz.

Martin, Ernst/Wawrinowski, Uwe (2014): Beobachtungslehre: Theorie und Praxis reflektierter Beobachtung und Beurteilung. Weinheim und Basel: Beltz Juventa.

Danke an …

- meinen Mann und unseren Sohn, für die großartige Unterstützung, das Mut machen beim Entwerfen und Schreiben des Buches und für so manche technische Hilfe.
- meine Mutter, die in mir die Liebe zum Lesen und Schreiben geweckt hat.
- die Verlagsgruppe Beltz, die mir die Chance gegeben hat, dieses Buch veröffentlichen zu können.
- den, der mir so viel Gutes geschenkt hat: Gott!